टिमकू और डमरू

TIMKU AND DAMRU

Story: Deeksha Choudhary
Illustrations: Priyankar Gupta

SCHOLASTIC
New York Toronto London Auckland
Sydney New Delhi Hong Kong

नीलेश मिसरा की चिट्ठी

मेरा नाम है नीलेश मिसरा, कहानियाँ सुनाता हूँ। और मुझे सबसे ज़्यादा बच्चों की कहानियाँ सुनाना पसंद है।

यह कहानी दो गीदड़ों की कहानी है की है जो बहुत अच्छे दोस्त थे। मुझे याद है, जब मैं बड़ा हो रहा था, तो शाम को घाटी से गीदड़ों की आवाज़ सुनाई देती थी। यह मज़ा भी आता था और डर भी लगता था!

आशा है कि आप को कहानी पढ़ने में भी मज़ा आएगा और मेरी आवाज़ में उसे सुनने में भी।

प्यार, नीलेश

कहानियाँ सुनना सबको पसंद है। आपका बच्चा अब इस कहानी को नीलेश मिसरा की आवाज़ में सुन सकता है। आपको बस नीचे दिए गए **QR** कोड को स्कैन करके **The Slow App** डाउनलोड करना होगा।

From NEELESH MISRA

As you know dear reader, I am a storyteller.
And I love telling children stories the most.

This story is about two jackals who were best friends. When I was growing up, I remember hearing jackals calling from across the valley in the evenings. It was exciting and a little scary!

I hope you enjoy reading the story and listening to me narrate it.

Love, Neelesh

Everyone loves listening to stories. Your child can now listen to Neelesh Misra narrating this story. All you have to do is scan the QR code below and download **The Slow App.**

टिमकू और डमरू दो गीदड़ थे। दोनों पक्के दोस्त थे!
चमचम के जंगल में रहते थे।

डमरू छोटा था, टिमकू बड़ा। अरे **नहीं नहीं!**
टिमकू छोटा था, डमरू बड़ा।
दोनों डमरू के घर में साथ रहते थे। डमरू ने ज़मीन में गड्ढा खोदकर अपना घर बनाया था।

Timku and Damru were two jackals. They lived in the Chamcham Jungle. They were best friends.

Damru was younger, Timku was older. **NO! NO!** Timku was younger and Damru was older. They both lived in Damru's den which was a hole he had dug in the ground.

दोनों दोस्त दिनभर उसमें छुपे रहते, रात होती तो बाहर निकलकर ज़ोर ज़ोर से गाते जाते।

'हुआ! हुआ!...देखो कितना अँधेरा हुआ! हुआ! हुआ!'

और वे दोनों हंसने लगते, पर उनकी आवाज़ सुनकर गाँव के बच्चे डर जाते।

They would spend the day hiding in the den and come out when it started getting dark. And they would sing. Loudly. About how dark it was.

'HUA! HUA! DEKHO KITNA ANDHERA HUA! HUA! HUA!'

And then they would laugh. Their laughter always scared the children in the nearby village.

उन्होंने अभी अभी गाना सीखा था। तो उन्हें गाने में और बच्चों को डराने में भी मज़ा आता। एक रात को गाना ख़त्म करके दोनों सोने के लिए डमरू के घर में आने लगे, तभी डमरू बोला 'टिमकू! अब हम बड़े हो गये हैं। एक घर में पूरे नहीं आते। अब तुम अपना घर बना लो!'

They had just learned how to sing, and they enjoyed singing and scaring the children. One night, when they finished singing and returned to Damru's den, Damru said, 'Timku, we are big now, we both can't fit in this den anymore. You should make your own.'

टिमकू बोला - 'मैं तो बिलकुल थोड़ी सी जगह में सो जाता हूँ...'
डमरू ने उसे घूरकर देखा।
टिमकू समझ गया कि डमरू उसकी बातों में नहीं आने वाला।

'BUT I HARDLY TAKE UP ANY SPACE!'

Timku said. Damru glared at him.

Timku understood that Damru wasn't going to get taken in by his words.

‘अच्छा कल बना लूँगा! पक्का! आज तो सोने दोगे ना?’ टिमकू अपनी पूँछ डमरू की पूँछ पर लगाते हुए बोला। डमरू ने आँखे झपकाकर हाँ कह दिया। आज पूरी रात टिमकू अपनी साँसों को अन्दर खींचे, एक कोने में डर कर सोता रहा। अगले दिन डमरू ने उसे घर बनाने को कहा। उसने आज भी वहीं बोला- ‘कल पक्का बना लूँगा!’ और डमरू के साथ उसी के घर में जाकर सो गया।

'Ok! I'll make my den tomorrow. I promise! But you'll let me sleep here for tonight at least?' Timku pleaded. Damru agreed. Timku huddled into a corner. Barely daring to breathe, he went to sleep. The next day, Damru told him to make his den. He said, **'I'LL MAKE IT TOMORROW, I PROMISE!'** and went into Damru's den to sleep again.

टिमकू और डमरू अब सच में बड़े हो गये थे... झबरीली पूँछ इतनी भारी हो गई थी कि कोई बच्चा अगर उठाने की कोशिश करे तो नीचे दब जाए। और पेट! साँसें अन्दर खींचने के बाद भी लटका हुआ ही लगता।

Timku and Damru had grown bigger. Their bushy tails were so heavy now that if children tried to lift them, they would get squashed under their weight! And their tummies ... even when they held their breath, they stuck out!

डमरू रोज़ टिमकू से कहता, घर बना ले! और टिमकू रोज़ यह कह कर टाल देता कि कल बना लूँगा।

एक दिन तंग आकर डमरू ने टिमकू को अपने घर से बाहर निकाल दिया। टिमकू डमरू से कट्टी हो गया, सोच लिया कि अब कभी डमरू से बात नहीं करेगा, पर टिमकू ने अपना घर तब भी नहीं बनाया। वह रोज़ अपने मन में यही सोचता कि कल बना लूँगा।

Every day, Damru would tell Timku to make his den. And Timku would always put it off by saying he would do it the next day.

One day Damru had had enough and he threw Timku out of his den. Timku decided he would never talk to Damru again. But he still didn't make his den. He kept telling himself he'd make it the next day.

एक रात बहुत तेज़ बारिश हुई। टिमकू को बारिश में भीगने से डर लगता था। पर आज वो भीग रहा था। उसकी झबरीली पूँछ भीगकर इतनी भारी हो गई थी की ख़ुद वो ख़ुद ही नहीं उठा पा रहा था। बारिश में भीगकर उसे छींके आने लगीं।

उसकी छींक की आवाज़ सुनकर डमरू अपने घर से निकला और बोला- 'आज आने दे रहा हूँ... कल पक्का बना लेना अपना घर!' टिमकू ख़ुशी से उछलता हुआ उसके घर में चला गया।

Then one night, the rain poured down. Timku was afraid of getting wet. But tonight, he was getting soaked. His bushy tail got so heavy with the rain that he could barely lift it. He started sneezing.

Damru heard him sneeze and came out from his den. 'I'll let you sleep in my den tonight, but tomorrow, you better make your own.' Timku leapt up in joy and went into Damru's den to sleep.

अगली सुबह डमरू उठा तो टिमकू घर में नहीं था। उसने आँखें मसलते हुए घर से बाहर देखा... मिट्टी में सना टिमकू अपने पंजों से तेज़ तेज़ गड्ढा खोद रहा था। मिट्टी उछलकर डमरू के मुहँ पर आ गिरी।

टिमकू उसकी तरफ देखकर बोला-'घर बना रहा हूँ...' डमरू मुस्कुरा दिया। आख़िरकार टिमकू को समझ आ गया था कि कल का काम आज करने में ही भलाई है।

When Damru woke up the next morning, Timku wasn't in the den. He rubbed his eyes, and looked outside. Timku was digging furiously. Mud flew and landed on Damru's face.

Timku looked at him. '**I'M MAKING MY DEN!**' he exclaimed. Damru smiled. Timku had finally learnt the importance of doing things on time.

क्या आपको कहानी पसंद आई?
आपको सबसे अच्छा क्या लगा?
टिमकू और डमरू से हम कुछ सीख सकते हैं क्या?

चलिए कुछ मज़ेदार करते हैं

गीदड़ों के बारे में और पढ़ें और सीखें।
अपनी कविता या कहानी लिखें जो गीदड़ों के बारे में हो।
अपने दोस्त के बारे में एक कविता या कहानी लिखें।

इस क्यू आर कोड को स्कैन करिए और **The Slow App** पर सुनिए ये कहानी नीलेश मिसरा की आवाज़ में।

Did you like the story?
What did you like best?
Is there anything that we can learn from Timku and Damru?

FUN THINGS TO DO

Read and learn more about jackals.

Write your own poem or story about jackals.

Write a poem or story about your friend.

Scan the QR code below to listen to the story on **The Slow App.**

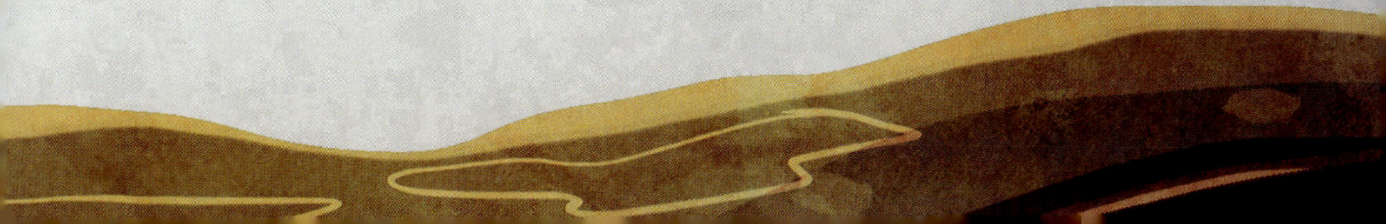

Published by Scholastic India Pvt. Ltd.
A subsidiary of Scholastic Inc., New York, 10012 (USA).
Publishers since 1920, with international operations in Canada, Australia, New Zealand, the United Kingdom, India, and Hong Kong.

For information regarding permission, write to:
Scholastic India Pvt. Ltd.
A-27, Ground Floor, Sigma Centre
Infocity-1, Sector 34, Gurgaon-122001 (India)

First edition: November 2023

ISBN-13: 978-93-5471-744-4

Printed in India